# Gestaltningar

-

genom sällsamma möten

Dikter

Elin Marianne Nilsson

Förlag och Tryck: BoD

ISBN: 9789174637939

Omslag: Akvarell av Elin Marianne Nilsson

**Innehåll**

I.



II.



III.



IV.

I

Att vara på väg
och gå bredvid

hösten i parken är skön med blommor och ståtliga träd

ringblommor lyser i rad och lejongap prålar intill

tidlösan har fallit ned och slagits av regnet till marken

persiljan klarar sig väl och grönskar bland gråbruna löv

rosen runt bågen har vissnat och dammen porlar ej mer

inga strålar från solen skänker reflexer åt spegeln

i dammen en gråvädersdag som denna parkens lindar

snart mister sina blad det kala grenverket framstår avklätt

träden sörjer sin tappade slöja i väntan på våren

knaster under mina fötter

grässtrån böjer sig

av daggdroppar fångande solen

gnistrande som safirer


skrumpna löv kring träden

fälgar blänker på cyklar utanför

enslig

enbuske vid

gotländsk strand

stenig sandig

väntar


blått blått

är havet

möter himmel

långt bort

i fjärran

svepande dimma
lindar mjukt mörker
manar till eftertanke
meditation
vederkvickande vila

smutsig snömodd längs vägen

isfläckar växlar med snöglopp

vägen svänger

bussen stampar framåt

bullrar monotont


mötande billyktor

genomborrar dimridåer

polisbil blinkar blått

stannar i fickan

kontrollerar fortkörande

tyst är skogen
allt är stilla
snöflingor faller sakta

snön knarrar
spår av stora skor syns
bredvid hund- och harspår
granar kantar stigen
på avstånd skymtar
ensam vandrare

flingorna blir större
landar som stora flak
suddar ut spåren

fönsterljus förjagar

skymningsmörker

solnedgång kvarlämnar

violetta strimmor


kylan biter

kinden

kryper innanför

kappan


dovblå himmel

lovar snö i

kvällens mörker

# II

Mötet sker
i det underliga

jag sitter vid flygeln
fyller rummet med toner
du är lycklig då
musiken flödar
du bakar morotskaka

en afton satt vi i glasverandan
och vilade skymning
vädret var gråblått
regnet skvalade

efter ovädret höjdes månstrimman
i min hand låg skärvor
månsilver som singlat ned
vid ån

skuggor omslöt mig
jag hörde steg nalkas
röster ropande mitt namn
sjöng en visa på trestrukna e

asparna glesnar alltmer

de gulnade löven söker hålla sig kvar

darrar skakar fladdrar

för vinden


faller ett i sänder

till marken

där de skrumpnar


lönnlöven ligger i högar

fuktiga blöta

av gårdagens störtregn

hopblåsta av stormen


de ännu levande skakar sina axlar

blottar en högblå himmel

bakom söndertrasad klädnad

stilla sakta som

spröda flöjttoner

strilar regndroppar


fuktar ansiktet

krusar håret

tvättar ögonen


från en annan värld

tränger ljuskroppar

bryter andlös tystnad


viken vilar

spegelblank

under bågen

att färdas till ett okänt land

ett till synes öde land

som ingen känner

utom den som bor där

tillstängt med förseglade dörrar

kan endast öppnas inifrån

blott för den nära vännen

själsfränden

om hen finns eller kommer

någon gång

om den som bor

i landet själv så önskar

då lyfter hon på dörrklinkan

gläntar på dörren

låter en vindpust dra igenom

en strimma ljus sippra in

lysa upp dammiga skrymslen

farliga dalgångars djup

nära nog oöverstigliga berg

skymtar i fjärran

hans fot slinter
förnimmer en virvelstorm
lik en svag hostning
ropar hjärtat gällt

är på väg
uppför svindlande backe
med mål i sikte

når nästan ända fram
då han mister sin tillit

minnet är plågsamt
tanken ältar förloppet
ånger hjälper inte
skriker högt i drömmen
som på Munchs målning

vattenflöde i fors
bryter fram
dånar
skummar
stänker vitt

fjäll i fjärran
rymmer
bergakungens slott

svårsedda stup
skyddar trolltyg
i månlandskap

i dalen kryper
låga hyddor
med grästak
och jordgolv

träden är få

III

Dörrar på glänt
till sällsamhet

han kom som en vind

i nyinköpt Turbo

kritstrecks-

randig kostym

bredrandig slips

samlade konst och

talade franska


hon bar vårgrön dräkt

på väg från akvarellkurs


de åt på fransk restaurang

vitt vin och sjötunga

talande om fransk impressionism


livligt diskuterande

utställning på Modern Art

vandrade de den sena vårkvällen

med sammanflätade händer

tre norske piker i soffan

små norska flickor

med runda kinder

gluggar i munnen

och sexårständer

fnissar flamsar

flabbar och skrattar

så burriga lockarna

fladdrar och far

fast håret har band

och rosetter att hållas i styr


de smakar på saft och bullar

med russin och sockerglasyr

spiller inget på duken

men tappar smulor i soffan

de sjunger sin norska visa

som de övat hjemme i byn

och tycker att allt här är morsomt

de niger och tackar

röda kjolarna lyser

vecken fladdrar för vinden

hoppande skuttande

lekande tafatt svänger de

om hörnet jagande varandra

livslusten lyser ur klara ögon

under den ystra leken

alstras skratt som porlande bäckar

dörren öppnades
där stod hon leende
iförd duvblått dok
hälsade välkommen
till madonnans boning

det var inte hon som bodde där
utan den heliga jungfrun
vars staty tronade rakt fram
ömt blickande ned
på de nyanlända

hennes bibliotek var välfyllt av
internationell litteratur
hon talade och läste flertalet
europeiska språk men föredrog
italienska

hennes röst var len och melodisk

de pigga ögonen lyste då

hon dukade till festmåltid i grönt

de åt sakta

till dämpad musik

av Hildegard von Bingen


efter måltiden

drog hon sig tillbaka

till stillheten under valven

mörkhårig dam med

markerad profil

pannlugg

sidohåret framåtlutat

graverad nacke

tjugo år hos samma frisör

solens leende ansikte sprider
svagt dimljus över domkyrkan
åldriga träd talar med varandra

två eleganta damer i 55-årsåldern
söker sig till bibliotekets café
senaste glasögonmodet på slätten
matchar svarta kavajer och gula toppar
vigselringar i rödguld lyser på
gestikulerande händer

unga par med barnvagnar och
90-åriga tanter med rullatorer
promenerar i parken
åldrigt Ehepaar med käppar
stödjer stapplande varandra
medelålders par med bulldogg
skyndar mot centrum
    lördagseftermiddag

spiralformade björkhängen

i slöjor genombrutna av

morgontidigt

soldis i tidig vår

frostnupen luft

runtom mörkgröna granar

ett lämmeltåg av svarta

gestalter mot matsalen

en bukett ljusgula tulpaner
blygt slutna blomknoppar
nedkrupna i skyddande
kraftiga blad
bringar bud om
annalkande vår

sätts i graverad
kristallvas på det vita gustavianska
matsalsbordet och passade
väl det gulrandiga stiltyget
av siden på stolarna

vi drack grönt te
vid köksbordet i all enkelhet

satte grönmögelost och kantarellost
på rallarfrallor av råg
tjocka tomatskivor ovanpå
medan vi avhandlade
påveval
Weras besök vid
katolska prästseminariet
i Syditalien
hyresgästernas flyttning
deras nedkladdade tapeter
och glömda saker
sommarnöjet i Märsta

stämningen var god
återseendet hjärtligt

häggen blommar redan

skatan vandrar fram över gräset

hon kommer närmare

pickar upp några korn

stirrar på mig i hammocken


jag äter `meraftensmat´ på altanen

i sällskap av rododendron

rader av pärlhyacinter anemoner

nyligen utslagna tulpaner

i lila och röda nyanser


körsbärsträdet står i blom

och lillan det är jag

Naturligtvis
det är inte tyst

göken gal i öster

koltrasten hörs i sydväst

talgoxen piper i söder

`spickekött spickekött

spickekött´


det kvittrar kluckar gäckar

drillar sjunger och kraxar

skränar och hoar i snåren


alla vill göra sig hörda

alla vill säga sitt

alla vill kännas igen

morgonen bräcker
fåglar kvittrar i snåren
jasminen doftar


pioner prunkar
rosorna börjar slå ut
junisol värmer


vänt för vindens sus
vajar spireans plymer
– gräset bör vattnas

hör koltrastens sång
blandad med trafikens brus
ängen doftar friskt

bakom trädstammar
skymtar Siljans blå vatten
aftonen svalkar

månen lyser blekt
över dungen av björkar
– förtätad stillhet

lärkan drillar över fälten

lövsångaren kvittrar i hasselbusken

snart spelar näktergalen

från hagtornssnåren

frodigt gräs växer så det knakar

sommarens sista fluga

surrar

irriterar

kryper på det vita taket

stannar

som en svart fläck

mitt på slätten

långt från

kust och strand

längtar jag

till havet


stilla blanka

vattenspegel

vida vidder

växlande

virvlande vågor


grönblå skiftningar

gråvita ytor

vilande segelbåtar


drömmer om frihet